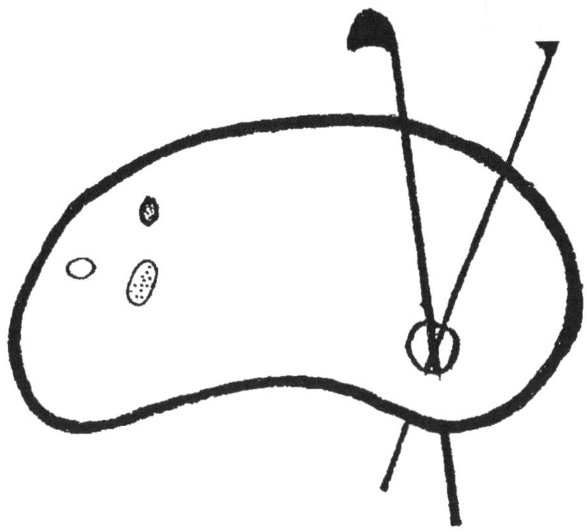

ORIGINAL EN COULEUR
NF Z 43-120-8

LA
PETITE TOUR DU TEMPLE

PAR

L. CHANOINE-DAVRANCHES

ROUEN

IMPRIMERIE CAGNIARD (Léon GY, Successeur)

Rue Jeanne-Darc, 88

—

1904

LA PETITE TOUR DU TEMPLE

La petite tour du Temple en 1792.

LA
PETITE TOUR DU TEMPLE

PAR

L. CHANOINE-DAVRANCHES

ROUEN

IMPRIMERIE CAGNIARD (Léon GY, Successeur)

Rue Jeanne-Darc, 88

—

1904

LA PETITE TOUR DU TEMPLE

Par L. CHANOINE-DAVRANCHES

La loi du 25 juillet 1792 avait proclamé la permanence des quarante-huit sections de Paris et la publicité de leurs séances (1). Un bureau central de correspondance les unifiait; leur premier soin fut de voter la déchéance du roi et de provoquer un soulèvement populaire. Louis XVI en avait été avisé; il avait refusé de se retirer en Normandie où M. de Liancourt l'assurait de son concours fidèle, aimant mieux, avait-il dit, s'exposer à tous les dangers que de commencer la guerre civile.

(1) Avant 1789, on comptait dans Paris vingt et un quartiers : Le 23 avril 1789, Louis XVI divisa la ville en soixante arrondissements ou districts en vue de la convocation des Etats-Généraux. Cette division a subsisté jusqu'à la loi du 27 juin 1790 qui, à la place des soixante arrondissements, a institué quarante-huit sections formées des citoyens français domiciliés dans la circonscription, payant une contribution directe de trois journées de travail. Les sections qui formaient une assemblée primaire chargée de nommer les électeurs du second degré ne devinrent permanentes et publiques que le 25 juillet 1792. Elles ont été, à partir de ce moment, un des facteurs les plus puissants de la démagogie.

6

On connut ce projet de départ ; l'effervescence s'en
accrut. Dans la nuit du 9 au 10 août, l'émeute s'or-
ganisa. A sept heures du matin, plus de vingt mille
individus, hommes et femmes, sous la direction de Santerre et de Westermann, avaient envahi la place du
Carrousel. Aux Tuileries, où tout était trouble et con-
fusion, on parlait désespérément de résistance. Il était
trop tard : on ne pouvait plus compter que sur la garde
suisse et sur les seuls bataillons des filles Saint-Thomas
et de la Butte-des-Moulins. Louis XVI d'ailleurs ne
voulait pas faire verser le sang. Il décida de se placer
avec sa famille sous la sauvegarde des représentants de
la nation. Il sortit le premier du palais, tenant par la
main le jeune Dauphin, suivi par la Reine qui s'appuyait
sur le bras de M. Dalmas, député d'Aubenas (1), par sa
sœur, Mme Elisabeth, par la princesse de Lamballe et
Mme de Tourzelle, gouvernante des enfants de France,
escortant la Dauphine. Il traversa lentement la terrasse
des Feuillants, accueilli par les huées et les vociféra-
tions de la foule et entra dans la salle du Manège, où
siégeait alors l'Assemblée législative. Guadet prési-
dait : en le recevant au bureau, il l'assura, au nom de
l'Assemblée, de la fermeté de ses membres. Mais il
comptait sans la poussée et les exigences menaçantes
des sections victorieuses qui, réunies à l'Hôtel-de-Ville,
venaient de renverser leurs représentants et d'installer
une municipalité révolutionnaire. Après l'observation

(1) M. Dalmas est venu habiter Rouen après le 25 septembre 1792.
Il y a fait imprimer des fascicules contre-révolutionnaires et a été
arrêté le 5 thermidor an II (Clérembray, *La Terreur à Rouen*).

présentée par Chabot, qu'on ne pouvait pas délibérer
en présence du roi, celui-ci fut confiné avec sa famille
dans l'étroite loge du journaliste chargé de recueillir
les séances, et là, seize heures durant, il assista, calme
et résigné, à la discussion et au vote de la résolution (1)
qui, suspendant l'inviolabilité de sa personne et le maintien entre ses mains du pouvoir exécutif, nommait un
gouverneur au Dauphin et invitait le peuple français à
élire une Convention : « Ce que vous faites là, dit seulement le Roi au député Coustard, n'est pas très consti-
tutionnel. »

Vers trois heures et demie du matin, les Commissaires de l'Assemblée le conduisirent à l'étage supérieur
du couvent des Feuillants où l'on avait hâtivement
organisé quatre chambres, une pour lui, une pour la
Reine et la jeune princesse, une troisième pour Mme de
Lamballe, Mme Elisabeth, Mme de Tourzel et le Dauphin,
une quatrième pour les personnes de la suite. On en
disposa le lendemain deux autres, dans l'une des-
quelles on logea la sœur du Roi.

Cependant, le 11 août, dès sept heures du matin,
Louis XVI et sa famille étaient ramenés dans la loge du
logotachygraphe où ils passèrent encore les journées
du 12 et du 13 août. Mais comme on ne pouvait pas
penser à immobiliser la famille royale dans cette ins-
tallation improvisée, l'Assemblée finit par décréter que
le roi serait logé au Luxembourg. Aussitôt, la Commune s'émut : elle représenta qu'il serait difficile d'or-
ganiser une surveillance sérieuse dans ce quartier

(1) Présentée par Vergniaud.

éloigné et proposa l'enclos du Temple qui contenait, disait-elle, un palais somptueux et une tour depuis longtemps abandonnée, sans indiquer celui des bâtiments qu'il conviendrait de choisir. On parla de l'Archevêché, puis du Ministère de la Justice, sur la place Vendôme. Finalement, l'Assemblée, sur les injonctions de la Commune, « déclara s'en remettre à celle-ci du soin de fixer la demeure du roi et lui en confia la garde ».

C'est ce que voulait la municipalité. Le même jour, 13 août, dans la soirée, l'ordre était donné de diriger le Roi vers le Temple.

Presque en même temps que la famille royale, étaient arrivées aux Feuillants un certain nombre de personnes appartenant à son service. Le 12 août, la plupart de ces nouveaux venus recevaient l'ordre de se retirer. Six seulement d'entre eux furent autorisés à entrer au Temple, M. de Chamilly, pour le service du Roi, MM^{mes} Thibaud et Basire, pour celui de la Reine et de sa fille ; Mme Navarre suivait Mme Elisabeth ; Mme Saint-Brice et M. Hue restaient près du Dauphin.

Deux grands carrosses attelés chacun de deux chevaux devaient conduire tout ce monde au Temple. On avait, à dessein ou non, placé les voitures au milieu d'une foule compacte et hurlante qu'il fallut traverser. Le Roi monta dans la première voiture dont il occupa le fond avec la Reine, le Dauphin et la jeune princesse, Mme Royale, comme on l'appelait. Mme Elisabeth prit place sur le siège de devant avec la princesse de Lamballe et le maire de Paris, Pétion ; Mme de Tourzelle et sa fille Pauline étaient assises à l'une des portières. Le procureur de la Commune, Manuel, et un officier municipal, Michel, affectant de se tenir couvert, comme Pétion, tenaient l'autre portière.

La seconde voiture contenait, avec deux officiers municipaux, Laignel et Simon, les six personnes autorisées à former la suite du roi et de sa famille (1).

Le cortège, protégé par la force publique, se dirigea lentement à travers les imprécations populaires jusqu'à la rue du Temple où se trouvait, dans un renfoncement arrondi, l'entrée principale de l'enclos. Les voitures pénétrèrent dans la cour du Grand-Prieuré. Santerre s'y trouvait pour recevoir, au nom de la Commune, les nouveaux arrivants.

On avait laissé croire au Roi qu'il allait loger dans le palais du grand prieur, et poussé l'ironie jusqu'à illuminer la cour d'honneur où il devait descendre, comme pour donner à sa demeure un air de fête. Louis XVI gravit les marches du perron et pénétra par la porte centrale dans le palais construit par Mansard, vaste édifice présentant un corps principal d'habitation de quarante-huit mètres, flanqué de deux pavillons faisant saillie sur la cour. Pendant qu'on lui préparait à souper, il en visita les appartements, choisissant ceux qu'il se réservait, distribuant à sa famille et à sa suite

(1) Une estampe de l'époque intitulée : *Les animaux rares ou la translation de la famille royale au Temple*, représente un sans-culotte dirigeant devant lui, à l'aide d'un fouet, le roi sous la figure d'un dindon, la reine et le reste de la famille royale sous la forme d'une louve et de ses louveteaux (Champfleury, *La Caricature sous la Révolution*).

ceux qu'il croyait mieux leur convenir. A dix heures, on emmena le Dauphin pour le coucher. Vers onze heures, on introduisit Louis XVI avec sa famille dans le bâtiment, désormais célèbre, appelé la Petite-Tour, où il devait résider jusqu'au 29 septembre, et la reine jusqu'au 27 octobre, dates de leur transfèrement dans le donjon. On rapporte qu'au moment du passage de la reine, le groupe des Marseillais arrivé depuis quelques jours sous la conduite de Barbaroux, chantait :

> Madame monte à sa tour,
> Ne sait quand reviendra.

L'histoire de l'enclos du Temple a déjà été faite (1), il ne saurait être question de la recommencer. Il suffit de rappeler que lorsque les Chevaliers du Temple vinrent s'établir dans l'île de France, au milieu du XIIe siècle, l'opulence de leur ordre était déjà proverbiale. Par suite de concessions et de donations, ils en vinrent rapidement à posséder aux environs de Paris une vaste *censive* promptement bâtie et peuplée, des *coutures* cultivées et boisées qui conservèrent longtemps l'aspect de la campagne, et, dans les marais desséchés du nord de Paris, un vaste terrain qu'ils firent enclore de murs et qui prit bientôt le nom de Villeneuve-du-Temple. Cette dernière partie de leur domaine jouissait de privilèges et d'immunités qui y attiraient de nombreux habitants. Il fallait les protéger : on éleva, dans le commencement du XIIIe siècle, la grosse tour du donjon, formidable masse de pierre de forme carrée,

(1) De Curzon, *La Maison du Temple de Paris*.

flanquée à ses angles de quatre tourelles à toit pointu, mesurant treize mètres sur dix-neuf, avec deux mètres d'épaisseur de murailles et cinquante mètres d'élévation. Elle comprenait quatre étages et un grenier, le premier étage étant devenu, au temps de la Révolution, un rez-de-chaussée par suite de l'exhaussement du sol.

Autour du donjon avaient été groupés les bâtiments conventuels et les communs. Quand l'Ordre du Temple eut été supprimé dans le Consistoire du mercredi saint 22 mars 1312, et que ses biens eurent été attribués par la bulle apostolique aux hospitaliers de Saint-Jean de Jérusalem, devenus plus tard les chevaliers de Malte, un petit bâtiment rectangulaire fut appliqué, à une époque difficile à déterminer, mais qui paraît se placer au xvie siècle, contre la face nord de la grosse tour et appuyé de deux tourelles. La visite faite par les délégués de l'Ordre en 1495 n'en parle pas ; le premier plan de Paris qui en relate l'existence est celui de 1609. La hauteur de cet appentis était de vingt-cinq mètres, de trente-cinq mètres avec les tourelles, sa longueur de quatorze mètres, sa largeur de quatre toises (sept mètres quatre-vingts), les murs ne mesurant qu'une épaisseur de trois pieds.

Des deux tourelles de la petite tour, l'une, celle de l'ouest, abritait un escalier en colimaçon prenant naissance sur les marches d'accès du donjon ; l'autre en encorbellement à partir du second étage (le premier en réalité à cause de l'élévation du sol), contenait un petit appartement dont il sera parlé plus loin.

La visite de 1575 constate une disposition intérieure

semblable à celle de la grosse tour « une cave voûtée surmontée de trois étages et, au sommet une terrasse », sur laquelle on éleva plus tard un toit léger rattaché au mur du donjon. Le premier étage qui se trouvait à peu près au même niveau que celui de la grosse tour, en était comme une annexe naturelle.

L'ensemble de ces constructions présentait assez de garantie de résistance pour que plusieurs des rois de France, Philippe-Auguste, Louis IX, Philippe-le-Hardi et Philippe-le-Bel, aient déposé leurs trésors dans le donjon. Le dernier y résida même plusieurs fois et obtint l'autorisation de garder provisoirement la tour pour son service personnel. Ses successeurs la conservèrent ainsi pendant plus de trois siècles, soit pour y mettre une garnison, soit pour l'utiliser à l'état de prison ou pour y déposer des poudres de guerre. Elle ne fut rendue à l'Ordre qu'en 1660 et servit alors de magasin pour les archives.

Vers la même époque, M. de Souvré, grand prieur de France, fit construire par Mansard le palais qui devait servir de résidence à ses successeurs. Le chevalier d'Orléans consolida ce somptueux hôtel vers le milieu du XVIIIe siècle. Plus tard, le prince de Conti le fit embellir et commença d'élever au fond de la cour dite de la Corderie une salle de spectacle où il se proposait de faire jouer impunément, à raison des immunités de la Ville-Neuve, les pièces que la censure aurait refusées. Un ordre de la Cour le força à renoncer à son projet. On verra par la suite comment il esquiva cette prohi-

M. BERTHELEMY

Archiviste de l'Ordre de Malte au Temple

bition en disposant une salle de spectacle dans la petite tour du Temple.

Les archives avaient été déposées dans la tour du donjon. Le personnage qui en avait la garde au milieu du XVIIIe siècle était un sieur Doligé, auquel l'Ordre servait une pension de trois cents livres. Il mourut en 1766 et fut remplacé par un sieur Poirier. A ce dernier succéda, en 1774, un dernier conservateur sur lequel il est nécessaire de donner de plus amples détails, parce que c'est dans les papiers et documents émanant authentiquement de lui et obligeamment communiqués par ses petits enfants, M. le docteur et Mme Blavot, qu'ont été puisés les renseignements qui forment la partie la plus intéressante de cette étude.

M. Jean-Albert Berthelemy, né à Saint-Maurice, diocèse d'Angers, le 6 janvier 1745, avait obtenu le diplôme de licencié en droit le 18 juillet 1769. Il s'était fait inscrire au barreau des avocats du Parlement de Paris le 9 avril 1770, après avoir prêté le serment d'usage (1).

(1) Un prospectus imprimé, joint par M. Berthelemy à son diplôme, indique les us et coutumes ainsi que les droits perçus en matière de prestation de serment d'avocat devant le Parlement de Paris. On ne le lira pas sans intérêt.

« Pour prêter le serment d'avocat, il faut se rendre au Palais à sept heures et demie du matin, *en noir*.

« On s'adresse à la femme Durand, près la porte du Parquet de MM. les Gens du Roi. Elle mène les récipiendaires aux endroits où il faut payer les droits qui sont :

« Droits de chapelle et bibliothèque................. 25 l.
« Droits pour l'Hôpital-Général.................... 10 l.
« Droits du greffe pour la matricule ou arrêt de réception.. .... 8 l. 10 s.

        « En tout .... 43 l. 10 s.

« Quand cela est fait, il faut attendre *en robe* à la porte du Par-

14

En 1774, il fut nommé archiviste de l'Ordre de Malte
et continua tout d'abord de demeurer dans son domicile particulier, rue de Bretagne, 54. En 1782, il fit
remarquer aux officiers de l'Ordre les difficultés de sa
situation et les périls résultant, pour les archives, d'un
manque de surveillance constante. Une délibération du
Conseil reconnut le bien fondé de sa demande et autorisa
le grand bailli de Crussol à lui concéder la petite tour
du Temple pour y établir son logement, sa vie durant,
à la charge de l'aménager et de laisser après lui l'habitation à ses successeurs. Pour subvenir, dans une certaine mesure, aux frais qu'il avait à exposer, l'Ordre
lui abandonna une somme de six mille livres et de
nombreuses boiseries et ferrures qu'il a estimées lui-
même à deux mille quatre cents livres. Il lui était fait
en plus une rente viagère de trois cents livres.

La petite tour du Temple, telle qu'elle était attribuée
à M. Berthelemy, n'était guère logeable. On n'y trouvait, au premier étage, qu'une grande pièce de qua-
rante pieds de long sur vingt de large et dix pieds de
hauteur, communiquant par deux portes avec la salle
servant, dans le donjon, aux réunions secrètes des
Chapitres et des Assemblées provinciales. Comme elle
était une annexe de cette salle, on l'avait primitive-
ment divisée en deux parties servant, l'une d'antichambre, et l'autre, de chapelle. Au second étage, une
chambre de même dimension, utilisée par intermittence,

quet, *sans s'en écarter*, l'arrivée de M. l'Avocat général et l'entrée
de l'audience.
 « La femme Durand loue des robes aux récipiendaires. »

comme la première, pour les réunions de l'Ordre, avait été souvent louée en contrebande de même que quelques parties supérieures du donjon, à des petits fabricants que les officiers visiteurs chassaient quand ils découvraient leur retraite.

Depuis le milieu du xviiie siècle, ces deux pièces de la petite tour avaient subi un changement complet de destination. Le prince de Conti, grand prieur depuis 1749, vexé d'avoir vu fermer la salle de spectacle qu'il avait construite près de son palais, avait fait aménager en théâtre l'appartement du premier étage de la petite tour. Il y faisait jouer, par des artistes de choix et devant un public restreint, en partie répandu dans la salle du donjon, des pièces inédites ou réprouvées par la censure. Lekain fit là ses premiers débuts. La pièce du second étage servait de foyer pour le théâtre.

M. Berthelemy avait fort à faire pour transformer ce grand bâtiment en une habitation sortable. Il y réussit complètement, si l'on en croit les critiques acerbes et fort peu rassurantes auxquelles il se crut obligé de répondre dans quelques-uns des mémoires qu'il a présentés à la municipalité. Il boucha la communication avec le donjon et fit de la petite tour une maison de trois étages surmontée d'un belvédère. En bas, un bureau pour ses commis et une petite cuisine ; au premier, presque au rez-de-chaussée à cause de la surélévation du sol, une antichambre, une salle à manger et un cabinet avec bibliothèque dans une tourelle ; au second, une antichambre, un salon, une chambre à coucher avec cabinet dans une tourelle ; au troisième, une antichambre, une chambre, diverses petites pièces ou cabinets, une cuisine ; au-dessus, le belvédère. Il appréciait ainsi son logement dans un mémoire du 30 frimaire an II : « Le réclamant ne répond pas aux exclamations, aux plaisanteries sur ses appartements superbes. Cependant il observe : 1° Qu'il n'avait pas plusieurs appartements ; qu'il n'en avait qu'un, beau il est vrai, orné et fait avec quelque goût, composé d'un bureau pour les commis, d'un cabinet, d'un salon, d'une salle à manger, d'une chambre à coucher, d'une autre petite chambre et d'une cuisine en pièces principales, contenant en tout cinq cheminées ; 2° que jusqu'à ce moment, il est vrai, il est resté célibataire, mais que aucun vœu, aucune loi ne l'obligeant à garder le célibat, il devait, en construisant un logement à vie, agir comme s'il pouvait se marier d'un jour à l'autre. »

D'après ses notes, il avait, sans les boiseries et les ferrures, qui lui avaient été abandonnées par l'Ordre de Malte, dépensé pour la seule transformation de l'immeuble, une somme qu'il évalue à plus de 16,000 livres. Le mobilier qu'il plaça dans les différentes pièces de son habitation était relativement luxueux :

Dans le cabinet, meubles et tentures de soie jaune avec application de bordures cramoisies ; au-dessus des portes, gravures représentant les batailles d'Alexandre, porcelaines et faïences.

Le salon en taffetas bleu broché avec fauteuils en tapisserie, cabriolets et chaises chenillées prune Monsieur, fauteuils à la reine en lampas bleu et blanc, tabourets en cœur de même étoffe, écran de taffetas bleu, chandeliers dorés, garniture de cheminée d'or moulu, tables à jeu.

Dans la chambre du second, lit d'étoffe brochée fond blanc à fleurs, cabriolets et chaises de même étoffe, trois cabriolets de velours d'Utrecht bleu et blanc, grand bureau de boule, bureau moyen de laque, écran, secrétaire de bois de rose ; sur les murs, une quinzaine de gravures encadrées, dont plusieurs représentaient quelques sujets légers, *la Chaste Suzanne*, *le Bain de Diane* et *le Coucher*, de Vanloo, que le Roi, en prenant possession de l'appartement, s'empressera de retourner par respect pour l'innocence de ses enfants.

Dans l'antichambre, banquettes et chaises de velours vert et blanc.

Dans la chambre du troisième, lit de camelot rouge et jaune à bandes, cabinets et fauteuils en velours rouge cramoisi, canapé et chaises de même, commode en marqueterie ; derrière le lit, cabinet de toilette avec armoire remplie de nombreuses estampes, salle de bain avec glace et sièges.

Dans les différentes pièces et cabinets, meubles légers et plus simples qui serviront plus tard pour l'usage du Dauphin, de Mme Royale et de Mme Elisabeth ; une partie de ce mobilier avait été acheté dans des ventes publiques, les autres meubles avaient été spécialement faits pour M. Berthelemy, qui a produit pour plus de douze mille livres de factures.

Dans ce logis coquettement disposé, M. Berthelemy s'était fait une existence agréable, occupant les loisirs que lui laissaient ses fonctions à recevoir d'aimables et gais amis qui avaient, comme lui, commerce avec les muses. On a retrouvé de lui divers volumes manuscrits de poésies fugitives, d'allure leste et pimpante, où se réflètent ses habitudes et ses goûts.

Parmi les personnes qu'il fréquentait, figurent les hauts dignitaires de l'Ordre, et, en première ligne, M. le chevalier de Crussol, grand croix de Malte, capitaine des gardes du comte d'Artois, administrateur général du Grand-Prieuré de France et gouverneur du Temple. M. Berthelemy avait obtenu pour lui le logement de la Petite Tour. Il lui a dit en vers sa satisfaction et sa reconnaissance :

Certaine petite souris,
Je dis petite, mais dodue,
Pour son bien assez entendue.
Un jour recueillant ses esprits,
De l'intérêt en parcourant le code,
Trouva qu'un logement commode,
Surtout quand il ne coûte rien.
Valait au moins un trou qu'on payait bien.
Trou de souris (que ce mot ne vous choque),
Vous le savez, est fort petit.
Laissant à part pourtant toute équivoque,
De ce pauvre raton, tel était le réduit.
La souris implore la protection
D'un illustre personnage,
Abondant en vertus, en talents connaisseur ;
Celui-ci donc à bonnes gens propice,
D'un troupeau fort nombreux bien-aimé gouverneur,
Ami de l'ordre, ami de la justice,
Et qui, sachant le prix du cœur,
Dans le bonheur d'autrui sait trouver son bonheur.

. . . .
. . . .

> La voilà dans son logement :
> Il est commode, il est charmant.
> Elle, de sauter d'allégresse,
> D'un pareil bienfaiteur de vanter la noblesse,
> De louer à chaque moment
> Ses vertus, ses bienfaits, son cœur et sa sagesse.
> ....
> ....

Un autre de ses commensaux habituels, était M. le chevalier Godeheu, ancien commandant général des Etablissements français aux Indes orientales, correspondant de l'Académie des Sciences, commandeur des Commanderies d'Etampes et de Chevru, qui s'était même substitué pour l'administration des biens de ce dernier domaine, son ami M. Berthelemy. Des relations intimes s'étaient établies entre eux. M. Godeheu lui avait remis plusieurs souvenirs. En décembre 1703, il lui envoya pour étrennes un biscuit de Sèvres qu'on retrouvera plus tard à la vente de la succession Berthelemy, représentant *Vénus corrigeant l'Amour avec des roses*. Le cadeau était accompagné d'un petit billet dont la forme et le fond indiquent le genre d'esprit des deux amis :

> Quand Vénus s'éloignant du céleste séjour
> Fut cueillir un bouquet de roses dans Cythère,
> Elle en ôta l'épine, et cette tendre mère
> Ne voulut qu'effrayer l'objet de son amour.
> Jouissez, cher ami, de la même fortune,
> Et qu'un heureux destin, au gré de vos désirs,
> Ne vous fasse trouver chez la blonde et la brune,
> Nulle épine dans vos plaisirs.

M. Berthelemy répondait à ces envois par des vers dont le commandeur Godeheu appréciait fort la saveur ;

on sait par ce dernier que l'archiviste du Temple délais-
sait ses arides travaux pour commettre même des
comédies : « Ah ! mon cher ami, comment vous ex-
primer le plaisir que m'a procuré la lecture de vos
charmants ouvrages que je viens de terminer pour la
seconde fois... On trouve à chaque pas, dans vos
comédies, de la gaîté et une imagination brillante, dans
les chansons et les pièces fugitives, des pensées fines,
de la délicatesse, et, de temps en temps, ce sel attique
qui doit toujours les assaisonner. Les grâces décentes,
quoique demi-nues, y paraissent avec avantage, et le
petit dieu qui les accompagne y joue souvent un rôle
annonçant que l'auteur, conformément à mes souhaits,
a cueilli maintes roses sans rencontrer beaucoup
d'épines..................................... ».

Les relations littéraires que M. Berthelemy avait
nouées ainsi étaient agrémentées de réceptions intimes,
sorte de petits banquets des muses où les dames étaient
délicatement conviées.

A Madame J . . ., en l'invitant à dîner.

. En jeux, en ris, en bals charmants,
Le mois de février abonde ;
De la brune folâtre et de la tendre blonde
Ils remplissent tous les moments.
Ce n'est pas d'aujourd'hui qu'ainsi va ce bas monde ;
Au plaisir nos aïeux ont consacré ce temps.
Avec eux pourtant faisons trève
Souffrez....... ....
Que la bonne et simple amitié,
Pour jeudi prochain vous enlève.
D'un mince dîner de garçon,
Eglé, vous ferez une fête...

. . . .
. . . . ,
A Paris en la tour du Temple,
Temple bien plus grand quand on vous y verra,
Et quand sans peine, à mon exemple,
Pour Vénus chacun vous prendra.

29 janvier 1784.

Dans ces réceptions se lisaient des chansons et des pièces de vers dont l'amphitryon ne faisait pas seul les frais. M. le chevalier Godeheu aimait à tenir galamment sa partie, comme en témoignent les vers composés pour la fête d'un des convives, en 1783 :

De Catherine,
Je veux chanter le nom.
Muse badine,
Viens me donner le ton.
Prête-moi tes accents
Pour chanter les talents
Et la gaîté mutine
De l'œil vif et fripon
De Catherine.

. . . .
. . . .
Ma chansonnette
Ne peint que faiblement
De la follette
Les grâces, l'enjoûment.
Mais nargue du censeur,
Ce bouquet part du cœur.
Avec une fleurette,
Je viens offrir gaîment
Ma chansonnette.

M. Berthelemy n'occupait pas d'ailleurs exclusivement ses loisirs dans ces travaux littéraires et ces petites fêtes du bel esprit. Ses goûts semblaient l'attirer plus haut. Il aimait les fortes études et avait réuni avec amour une belle collection de quatorze à quinze cents volumes à laquelle il attachait le plus grand prix. Sa bibliothèque occupera une large place dans cette étude. On en verra plus tard la composition intéressante et précieuse pour l'époque où elle avait été formée. Son propriétaire a, de nombreuses fois, gémi et réclamé contre la dispersion de ses chers livres. Il les avait enfermés jalousement dans une tourelle au premier étage :

> De ma bibliothèque
> Connaissez tout d'abord
> La valeur extrinsèque
> Et le parfait accord.
> C'est un meuble fort beau,
> Fait depuis seize automnes,
> Eclairé d'un double flambleau,
> Couvert aux trois quarts d'un rideau,
> Monté sur deux colonnes.
> On y voit à la tête,
> Livres de grand'valeur :
> Discours sur l'art honnête,
> Traité de la pudeur.
> Au-dessous, des auteurs
> Discourent de tendresse ;
> Plus bas, est l'essai sur les fleurs,
> Un traité complet des couleurs,
> Et là c'est une presse.
> Sous ce rideau de gaze
> Sont les livres des saints.
> Le feu du ciel embrase
> Quiconque y met les mains.
> Ce livre plus qu'humain
> Présente un cœur sans tache,

> Et ceux-ci, du plus beau velin,
> Prêchent sur l'amour du prochain .
> Sans raison, on les cache.
> Ce joli tome traite
> Du remède à tous les maux.
> C'est pour cette tablette
> Qu'on réserve les gros :
> Traités sur le plaisir,
> Avis à la jeunesse,
> Discours sur les lois du désir,
> De la manière de jouir,
> Adieux de la sagesse.

Pour être exact, il convient de dire que cette description poétique imaginée par l'auteur, ne se rapproche ni de près ni de loin du catalogue beaucoup plus sérieux de sa bibliothèque.

Les détails qui précèdent n'ont pas été présentés à l'état de hors-d'œuvre pour satisfaire une inutile curiosité. Ils ont un intérêt puissant, non seulement pour montrer, par voie de contraste, la transformation effroyable qui va se produire dans le séjour du calme et de la gaîté facile, mais pour éclairer d'un jour nouveau la première détention de la famille royale dans les bâtiments du Temple et pour rectifier quelques erreurs qui se sont involontairement produites sur ce sujet toujours attirant.

Depuis que la Révolution était entrée dans une phase plus violente, M. Berthelemy vivait assez retiré, suivant, comme ses amis, d'un regard anxieux les événements. Il avait appris, le 10 août, le sac des Tuileries et l'internement de la famille royale aux Feuillants. Il se demandait, non sans préoccupation, si elle ne deviendrait pas par ordre, ainsi qu'on l'avait proposé, sa voisine dans le palais du grand prieur, quand il reçut brusquement de la Commune, à sept heures du soir, l'avis d'avoir à évacuer sur le champ son logement, sous promesse d'indemnité. On devait y installer le Roi et sa famille. M. Berthelemy n'avait pas à discuter : il obéit.

M. de Chantelauze (1), M. Lenôtre (2) ont écrit que les appartements de la petite tour avaient été garnis en toute hâte de ce qu'on trouva de meubles dans le palais du Temple. C'est, comme on vient de s'en convaincre, une erreur. Le logement de M. Berthelemy était pourvu d'un nombreux et riche mobilier. Il chercha d'abord à l'enlever. Celui qui nantissait le premier étage fut déménagé et porté tant dans le palais prieural que dans le donjon. Certains meubles des autres appartements suivirent aussi la même direction. Il se disposait à en finir le plus rapidement possible, quand un ordre contraire de la municipalité l'obligea à suspendre son travail et à laisser dans son habitation les meubles qui s'y trouvaient. Il fallut même, pour pourvoir au coucher de la famille royale et de sa suite, disposer à la hâte quelques meubles rapportés du palais, transportés d'un appartement dans un autre ou tirés des pièces secondaires. M. Berthelemy présida lui-même à cet emménagement sommaire, a-t-il écrit dans ses requêtes à la Commune. Les jours suivants, on procéda à une répartition plus convenable de ce mobilier.

(1) *Louis XVII.*
(2) *La captivité et la mort de Marie-Antoinette.*

Courte-pointe du lit de la Reine (réduction de deux tiers)

Lit du Dauphin.

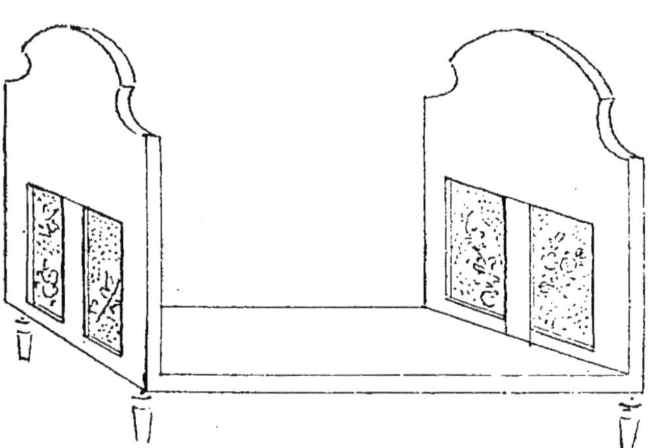

Lit de Madame Elisabeth.

M. de Beauchesne (1) doit à une note de M. Berthelemy, conservée aux Archives nationales, d'avoir pu
faire connaître les meubles placés dans les divers appartements de la petite tour, occupés par la famille royale.
Il est possible de compléter ses indications.

Le salon devait servir de chambre à la Reine ; on y
laissa les fauteuils, plusieurs des tabourets, deux cabriolets, les rideaux, la garniture de cheminée avec son
écran, la table à jeu. On ajouta à l'ameublement le lit
d'étoffe brochée dont usait habituellement M. Berthelemy et qui servit à la Reine. Par une grossière contra-
diction, peut-être intentionnelle pour faire ressortir
l'état d'abaissement de la royale détenue, on couvrit le
lit d'un baldaquin, d'une courte-pointe, et on l'enve-
loppa de rideaux en cretonne fond blanc avec branches
feuilletées de clématites roses à tige jaune. Tout à côté,
fut placée une couche étroite de bois peint en blanc où
devait coucher la dauphine.

La chambre de M. Berthelemy conserva ses fauteuils
de velours blanc et bleu, son canapé circulaire, son
chiffonnier, ses gravures. On y introduisit pour le Dauphin, une couchette en bois blanc de forme Louis XVI,
à haut dossier, garni de cretonne à fond blanc avec
liserons et fleurettes roses, et courte-pointe de même
étoffe. Auprès, on installa le lit de sangle de Mme de
Tourzel. Quand le Dauphin alla plus tard demeurer
chez sa mère, son lit fut transporté dans le salon.
Comme la chambre manquait de chaises, on en apporta

(1) *Louis XVII. — Sa vie, son agonie, sa mort*, 1, 240.

deux de taffetas vert, provenant probablement du bureau des archives.

L'appartement du roi, au troisième étage, avait-il été momentanément dénanti de ses meubles et du lit à deux dossiers que le propriétaire y avait placés? On serait tenté de le croire, s'il est vrai, comme Hue le rapporte (1), que Louis XVI n'ait trouvé dans sa chambre, en arrivant, qu'un mauvais lit et deux ou trois chaises. Il est au moins certain que le lit avec son ciel, ses couvertures et ses tentures en camelot, largement rayé rouge et jaune, lui fut rendu, de même que les deux commodes en marqueterie, les trois canapés et les quatre fauteuils en velours d'Utrecht cramoisi. On sait qu'on plaça plus tard dans la chambre un guéridon, une table à manger et un buffet. Le Roi faisait d'un petit cabinet, dans la tourelle, un lieu de retraite où il aimait à lire.

Dans la cuisine, située près de sa chambre, avaient été mis, tant bien que mal, deux lits de sangle pour Mme Elisabeth et Mlle de Tourzel. Le premier de ces lits fut remplacé postérieurement par une couche étroite en bois peint en jaune avec courte-pointe fond blanc pointillée à fleurs roses et noires.

La salle à manger n'avait pas été démeublée de ses chaises paillées à la lyre; presque toutes ont été plus tard retrouvées brisées.

Les chaises et fauteuils jaunes du cabinet avaient été enlevés, mais on avait laissé au-dessus des portes

____

(1) *Dernières années de Louis XVI.*

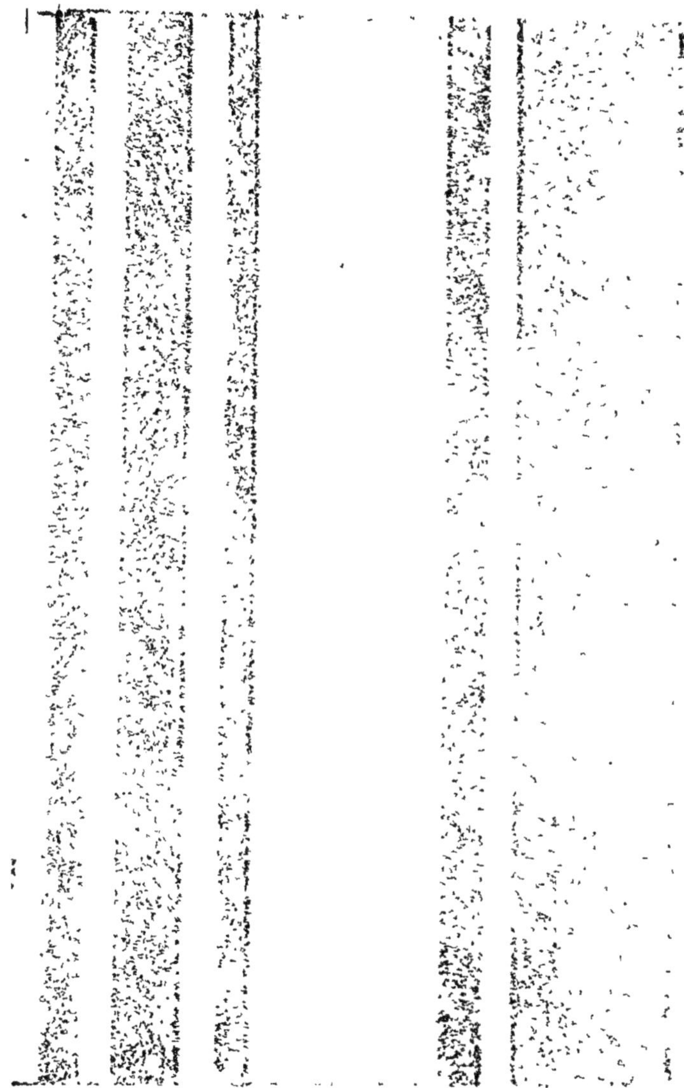

Rideaux du lit du Roi (réduction de moitié).

les gravures des batailles d'Alexandre et, accrochées le long des murs, les faïences et porcelaines.

Dans la tourelle, la bibliothèque avait été conservée.

C'est dans ces appartements, dans les antichambres et les cabinets que furent entassés, dans la nuit du 13 août, avec la famille royale, la princesse de Lamballe, Mme de Tourzelle et sa fille, MM. Hue et de Chamilly, MM^mes Thibaud, Bazire et Navarre, et trois hommes de cuisine, sans compter les officiers municipaux et les soldats de garde, qui, n'étant ni les moins nombreux ni les moins encombrants, s'établirent un peu partout et s'assemblaient dans le cabinet de la tourelle du second étage, qui leur devint, par ce fait, commun avec les prisonniers. Il en fut ainsi pendant six jours ; dans la nuit du 19 août, un ordre de la Commune fit sortir du Temple toutes les personnes qui avaient accompagné le Roi. Hue fut seul autorisé à revenir. Le 26, arriva Cléry, qui fut chargé indistinctement du service de tous les membres de la famille, et fut aidé, pour quelques gros travaux, par les époux Tison, introduits, d'ailleurs, au Temple, moins pour le service que pour la surveillance.

Il ne saurait entrer dans le cadre de cette étude de reprendre l'histoire de la détention de Louis XVI. Michelet s'est élevé contre ce qu'il a appelé la légende du Temple. Sa boutade n'a pas trouvé d'écho dans l'histoire. Les Mémoires de Hue, de Cléry, de la duchesse d'Angoulême, les relations de Goret, de Daujon, de Turgy, de Pelletan, ont fait connaître les tristesses, les rigueurs et les amertumes de cette dure captivité

du dernier des rois de France, le plus faible assuré-
ment, le plus imprévoyant peut-être, mais, pourquoi
ne pas le dire, le mieux intentionné et le moins despote
de tous.

Cléry a raconté la triste monotonie de la vie au
Temple : « Le Roi, dit-il dans ses Mémoires, se levait
ordinairement à six heures du matin ; il se rasait lui-
même ; je le coiffais et l'habillais. Il passait aussitôt
dans son cabinet de lecture. Cette pièce étant très petite,
le municipal restait dans la chambre à coucher, la porte
entr'ouverte, afin d'avoir toujours les yeux sur le Roi.
Sa Majesté priait à genoux pendant cinq à six minutes
et lisait ensuite jusqu'à neuf heures. Dans cet inter-
valle, après avoir fait sa chambre et préparé la table
pour le déjeuner, je descendais chez la Reine ; elle
n'ouvrait sa porte qu'à mon arrivée, afin d'empêcher
que le municipal n'entrât chez elle. Je faisais la toilette
du jeune prince ; j'arrangeais les cheveux de la Reine
et j'allais pour le même service dans la chambre de
Madame Royale et de Madame Elisabeth.....

« A neuf heures, la Reine, ses enfants et Madame
Elisabeth montaient dans la chambre du Roi pour le
déjeuner. Après les avoir servis, je faisais les chambres
de la Reine et des princesses ; Tison et sa femme ne
m'aidaient que dans ces sortes d'occupations. Ce n'était
pas pour le service seulement qu'on les avait placés
dans la tour ; un rôle plus important leur avait été
confié : c'était d'observer tout ce qui aurait pu échapper
à la surveillance des municipaux et dénoncer les municipaux eux-mêmes.....

Courte-pointe du lit de Madame Elisabeth.

« A dix heures, le Roi descendait avec sa famille dans la chambre de la Reine et y passait la journée. Il s'occupait de l'éducation de son fils, lui faisait réciter quelques passages de *Corneille* et de *Racine*, et l'exerçait à lever des cartes. L'intelligence prématurée du jeune prince répondait parfaitement aux tendres soins du Roi. Sa mémoire était si heureuse, que, sur une carte couverte d'une feuille de papier, il indiquait les départements, les districts, les villes et les cours des rivières ; c'était la nouvelle géographie de la France que le Roi lui montrait. La Reine, de son côté, s'occupait de l'éducation de sa fille, et ces différentes leçons duraient jusqu'à onze heures. Le reste de la matinée se passait à coudre, à tricoter ou à travailler à la tapisserie. A midi, les trois princesses se rendaient dans la chambre de Madame Elisabeth pour quitter leur robe du matin : aucun municipal n'entrait avec elles.

« A une heure, lorsque le temps était beau, on faisait descendre la famille royale dans le jardin ; quatre officiers municipaux et un chef de légion de la garde nationale l'accompagnaient.

« A deux heures, on remontait dans la tour où je servais le dîner, et tous les jours, à la même heure, Santerre, brasseur de bierre, commandant général de la garde nationale de Paris, venait au Temple, accompagné de deux aides de camp. Il visitait exactement les différentes pièces. Quelquefois, le Roi lui adressait la parole ; la Reine, jamais. Après le repas, la famille royale se rendait dans la chambre de la Reine ; leurs Majestés faisaient ordinairement une partie de piquet ou de tric-trac : c'était pendant ce temps que je dînais.

« A quatre heures, le Roi prenait quelques instants de repos, les princesses autour de lui, chacune un livre à la main : le plus grand silence régnait pendant ce sommeil.....

« Au réveil du Roi, on reprenait la conversation ; ce prince me faisait asseoir près de lui. Je donnais sous ses yeux des leçons d'écriture à son fils, et, d'après ses indications, je copiais des exemples dans les œuvres de Montesquieu et autres auteurs célèbres...

« A la fin du jour, la famille royale se plaçait autour d'une table ; la Reine faisait à haute voix une lecture de livres d'histoire ou de quelques ouvrages bien choisis, propres à instruire et à amuser ses enfants, mais dans lesquels des rapprochements imprévus avec sa situation se présentaient souvent et donnaient lieu à des idées bien douloureuses. Madame Elisabeth lisait à son tour, et cette lecture durait jusqu'à huit heures. Je servais ensuite le souper du jeune prince dans la chambre de Madame Elisabeth : la famille royale y assistait ; le Roi se plaisait à y donner quelques distractions à ses enfants en leur faisant deviner des énigmes tirées d'une collection du *Mercure de France* qu'il avait trouvée dans la bibliothèque.

« Après le souper de Monsieur le Dauphin, je le déshabillais ; c'était la Reine qui lui faisait réciter ses prières.....

« A neuf heures, le Roi soupait. La Reine et Madame Elisabeth restaient alternativement auprès du

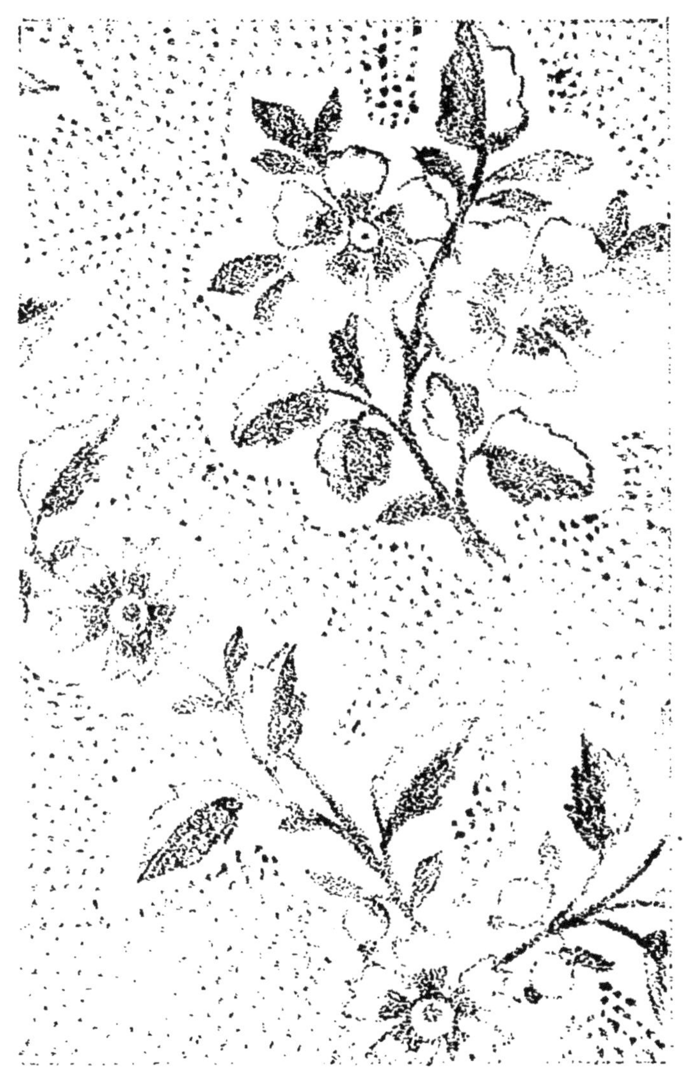

Couvre-lit du Dauphin

Dauphin pendant ce repas ; je leur portais ce qu'elles
désiraient du souper.....

« Après le souper, le Roi remontait quelques instants
dans la chambre de la Reine, lui donnait la main en
signe d'adieu et recevait les embrassements de ses enfants; il allait dans sa chambre, se retirait dans son
cabinet et y lisait jusqu'à minuit. La Reine et les princesses se renfermaient chez elles. Un des municipaux
restait dans la pièce qui séparait leurs chambres et y
passait la nuit ; l'autre suivait Sa Majesté..... »

Ces passages des *Mémoires de Cléry*, dont la vérité n'a
jamais été sérieusement contestée, montre la famille
royale sous un jour sinon de simplicité bourgeoise (ce mot
ne conviendrait pas, car l'étiquette n'a jamais été ban-
nie de la société des princes, même au Temple), du moins
d'intimité affectueuse et patriarcale, que la vie officielle
de la Cour ne laissait pas soupçonner. Les époux royaux
ont des goûts très différents : la Reine trouve ses distractions dans quelques lectures sentimentales ou faciles
(*Cecilia, Eveline*, les *Mille et une Nuits*) qu'elle avait
fait demander en même temps que, on ne sait par quel
désir curieux, la *Marseillaise* (1).

Elle s'occupait un peu, comme on l'a vu, de l'éducation de sa fille, et l'on a appris par les *Mémoires de
la duchesse d'Angoulême* qu'elle faisait aussi réciter à
son fils des leçons d'histoire et lui apprenait des vers.

La journée du Roi était mieux et plus solidement
remplie. Louis XVI était un des hommes les plus stu-

---

(1) *Les Papiers du Temple*, par La Morinière. (*Nouvelle Revue.* —
1ᵉʳ avril 1884).

dieux et les plus érudits de sa Cour ; sa solide instruc-
tion, qu'il cherchait toujours à augmenter, a été recon-
nue par ses ennemis les plus avérés. On peut s'en fier
sur ce point à l'opinion de Mme Roland, qui ne profes-
sait pas pour la famille royale une bien vive sympathie :
« Louis XVI, dit-elle dans ses Mémoires, montrait à
ses ministres la plus grande bonhomie. Il avait une
grande mémoire et beaucoup d'activité ; il ne demeu-
rait jamais sans rien faire et lisait souvent. Il avait
très présents à l'esprit les divers traités faits par la
France avec les puissances voisines. Il savait bien son
histoire et était le meilleur géographe de son royaume.
La connaissance des noms, leur parfaite application
au visage des personnes de sa Cour, celle des anec-
dotes qui leur étaient particulieres, avaient été éten-
dues par lui à des individus qui s'étaient montrés de
quelque manière dans la Révolution ; on ne pouvait lui
présenter un sujet, pour quoi que ce fût, qu'il n'eût
sur son compte un avis fondé sur quelques faits. »

Ses habitudes laborieuses, ses connaissances acquises
faisaient du Roi un utile professeur pour son fils: il en-
treprit son éducation. On a pu voir par les *Mémoires
de Cléry* qu'il lui faisait réciter des passages des grands
poètes français et lui donnait des leçons de géographie
pratique en lui apprenant à reconnaître sur une carte
muette les villes principales du pays et le cours des
fleuves. Il aimait aussi à lui mettre entre les mains
l'*Esprit des lois*, dont il lui dictait des fragments (1).

---

(1) Chantelauze.

Son élève montrait assez de dispositions pour qu'il eût résolu de lui faire commencer, malgré son âge tendre, des études plus sérieuses. Il demanda pour lui de nombreux volumes, dont un arrêté favorable du Conseil général de la Commune, du 21 novembre 1792, a laissé l'indication. On y remarque :

> *Appendix de diis,*
> *Aurelius Victor,*
> *Cæsaris commentarii,*
> *Cornelius Nepos,*
> *Dictionnarium universale,*
> *Florus,*
> *Grammaire latine,* de Lhomond,
> *Horatius,*
> *Quadragintaviris,*
> *Justinus,*
> *Métamorphoses d'Ovide,*
> *Fables de Phèdre.*
> *Quintus Curtius,*
> *Sallustius,*
> *Suetonius,*
> *Tacitus,*
> *Terentius,*
> *Titus Livius,*
> *Villeius Paterculus,*
> *Virgilius,*

auxquels il faut ajouter :

> *Traité des Etudes* de Rollin,
> *Grammaire française,* de Lhomond,
> *Principes généraux de la langue française,* de
>   Vailly,
> *Les aventures de Télémaque,*

34

Vie des saints, de Mésenguy,
Maximes tirées de l'Ecriture sainte.

La demande de tant d'auteurs latins n'a rien qui
puisse surprendre venant de Louis XVl, pour qui sait
qu'il pratiquait couramment la langue d'Horace et de
Cicéron, et faisait de ces auteurs des traductions quo-
tidiennes. N'a-t-on pas une suffisante idée de son amour
pour la littérature latine en même temps que de sa tran-
quillité d'àme, par ce rapport fait, le 26 décembre 1792,
à la Convention, sur sa seconde translation du
Temple à l'Assemblée, où l'on relate que, pendant le
trajet, il s'entretint avec les municipaux qui l'accompagnaient, de choses littéraires et spécialement de
quelques auteurs latins : Sénèque, Tite Live et Tacite.
Il est permis de supposer qu'en demandant tant de
livres pour son fils, il avait le secret désir d'en béné-
ficier pour lui-même.

Il est bon d'ajouter qu'il ne bornait pas ses connaissances aux langues mortes, mais qu'il savait assez bien
l'anglais et l'italien pour lire dans leur texte original
Hume et Le Tasse (1)

On a vu que le Roi lisait longtemps dans la journée
et très tard le soir. Ce travail constant a fait passer
entre ses mains des livres nombreux. On a suppute que,
pendant sa détention au Temple, il avait lu plus de
deux cent cinquante volumes (2). Sa sœur avait les
mêmes penchants studieux et s'était fait acheter un

(1) Poujoulat.
(2) La Morinière, *Papiers du Temple* (Relation de Daujon).

Cabinet de travail du Roi.

certain nombre de livres. On la verra plus tard cherchant à acquérir une bibliothèque.

Quels étaient les ouvrages que le Roi lisait ainsi, et d'où provenaient-ils ? Prud'homme (1) a écrit qu'il se les faisait apporter du dehors : « Louis XVI, que fait-il dans sa tour ? Il dort ou lit son breviaire. Les événements qui se passent en foule autour de lui, ou à son occasion, n'affectent en aucune manière son âme impassible. On le prendrait pour le plus stoïque des philosophes, si on ne savait qu'il est devenu le plus stupide, c'est-à-dire le plus dévôt des hommes. Louis XVI occupe seul un appartement dans la tour ; *il s'y fit dernièrement apporter deux à trois milliers de volumes,* et s'opposa à ce qu'on les mît en ordre, se réservant le plaisir de les arranger lui-même. Il paraît que l'ennui est le seul sentiment pénible que le ci-devant roi éprouve dans sa prison. Il occupe le deuxième étage avec Cléry, son valet de chambre.

« Médicis Antoinette voit son mari trois fois par jour..... Ses cheveux grisonnent avant l'âge.

« La grosse Elisabeth n'a pas encore pris le maintien modeste qui sied au malheur. Elle dit avec exactitude son bréviaire qu'on disait jadis pour eux à si grands frais. Elle s'est procuré un complet en quatre parties. Dernièrement elle fit l'emplette d'une petite pacotille pour la valeur de quinze à vingt corsets. » (2).

Les livres que le Roi lisait n'ont pas été acquis ni

(1) Prudhomme, *Révolutions de Paris,* nº 171, du 13 au 20 octobre 1792.

(2) Le corset était un assignat de cinq livres.

apportés au Temple. M. de Beauchesne (1) écrit que le
Roi, « après le dîner, passait dans la bibliothèque, y
puisait quelques volumes ; que les premiers livres qu'il
ait pris étaient les *Etudes de la Nature,* de Bernardin
de Saint-Pierre, ce qui donna au municipal de service,
Truchon, l'occasion de parler du mérite de cet ou-
vrage, dont la dédicace renfermait un brillant éloge
des vertus de Louis XVI. »

Ce sont, en effet, les livres de la bibliothèque de
M. Berthelemy, qui ont servi à distraire le royal captif
dans sa prison. On n'a jamais su, à part quelques volumes particulièrement désignés, sur quels ouvrages
avaient porté ses lectures. Les papiers laissés par l'ancien conservateur des archives du Temple vont éclairer
ce point intéressant.

M. Berthelemy a souvent répété dans ses requêtes
qu'il avait une belle bibliothèque de treize à quatorze
cents volumes. Il l'a longtemps réclamée sans obtenir
l'autorisation de la reprendre. Le chapitre mouve-
menté de ses nombreuses pétitions et de ses démarches
successives qu'il n'estime pas à moins de quatre-vingts,
est instructif On trouve notamment, dans un mémoire
du 30 frimaire an II, des détails précis sur les modifi-
cations qu'il a faites dans la petite tour, et sur les mul-
tiples difficultés que la Commune accumulait pour
échapper, par des subterfuges administratifs et parfois
contradictoires, à ses promesses d'indemnité. M. Berthelemy demandait que ses meubles, dispersés et en

______

(1) De Beauchesne, *Louis XVII*, 1, 249.

partie détruits, lui fussent remboursés, mais il acceptait la restitution en nature de ses livres, sauf à se faire indemniser de ceux qui manqueraient « en vérifiant l'état des livres de la bibliothèque avec le catalogue qu'il a entre les mains, sur lequel cependant plusieurs ouvrages ont pu n'être pas portés pour avoir été achetés après qu'il a été fait. »

Ce catalogue, jusqu'à ce jour inconnu, a été dressé en deux fois. La première partie comprend le fond de la bibliothèque primitive; la seconde, complémentaire, s'applique à des acquisitions plus récentes. On trouvera ici le premier catalogue dans son intégrité, et le second seulement par extraits, dans les parties où il ne répète pas le premier.

I

CATOLOGUE DES LIVRES DE M. BERTHELEMY, SECRÉTAIRE
DE L'ORDRE DE MALTE.

*Jurisprudence, lois, privilèges, plaidoyers
et mémoires.*

In-folio....	*Cangii glossarium*	6 volumes.
	Glossarium novum	3 —
	Glossaire français	1 —
	Lanceloti corpus canonici juris..	1 —
	Œuvres de Bacquet, commentées par Claude de Ferrières	2 —
	Coutume de Troyes	1 —
	L'art de vérifier les dates	1 —
	Traité des propres	1 —
	Coutume d'Orléans, par J. Delalande	1 —

	Coutume de Paris, par Brodeau.	2 volumes.	
	Coutume de Normandie, par Bérault......................	1	—
	Chapitre général de Malte......	1	—
In-quarto..	*Lois de l'ordre de Malte pour l'administration de ses bois......*	1	—
	Dictionnaire de droit, par Claude de Ferrières................	1	—
	Dictionnaire des fiefs, par Renaudau......................	1	—
	Traité des fiefs, de Dumoulin...	1	—
	Traité des fiefs (Pocquet de Livournières)..................	2	—
	Traité des fiefs (Germain-Antoine Guyot)................	2	—
	Usage général des fiefs, par Brusselles......................	2	—
	Dictionnaire des fiefs (Renaudeau)......................	1	—
	Nouveau praticien français, par Lange......................	1	—
	Pratique des terriers (Lapoix de Fréminville)................	3	—
	Conférence des ordonnances.....	1	—
	Traité des papiers terriers généraux du Roi, par Belauny....	1	—
	Recueil de jurisprudence (Guy de la Combe)..................	1	—
	Coutume de Melun commentée...	1	—
	Notes de Dumoulin sur les usages de France...................	1	—
	Coutume du Beauvoisis........	1	—
	Coutume de Troyes (Pithou)....	1	—
	Privilèges de l'Université d'Angers......................	1	—

	Privilèges d'Angers, par Robert.	1	volumes.
	Statuts du diocèse d'Angers.....	1	—
	Privilèges de la ville d'Angers...	1	—
	Du franc alleu, par Galland....	1	—
	Mémoire de Beaumarchais contre Goesman et plaidoyer pour Huchel de la Bédoyère..........	1	—
	Somme rural, de Boutelier.....	1	—
	Institutions pour un régisseur (de Fréminville).............	1	—
In-octavo..	*Lois des bâtiments suivant la coutume de Paris*..............	1	—
	Coutume d'Etampes, par Lamy..	1	—
	Traité des archives, par Mariée.	1	—
	Code féodal....................	1	—
	Table des décrets..............	2	—
In-douze ..	*Institution au droit français*...	2	—
	Institutes féodales, par Guyot...	1	- -
	Coutume d'Anjou.............	1	—
	Traité des gradués...........	1	—
	Institution au droit ecclésiastique, par Fleury.................	1	—
	Partage des bénéfices entre les anciens et nouveaux bénéficiers..	1	—
	Pratique de la cour de Rome....	1	—
	Observations sur le Concordat de Léon X......................	1	—
	Recueil des décisions bénéficiales.	2	—
	Observations sur l'édit de 1695..	2	
	Traité des monitoires (Renault).	1	—
	Règles du droit français (P. de Livonnière)	1	—
	Œuvres posthumes de Pothier...	2	—
	Traité des contrats de mariage..	1	—
	Coutume d'Anjou.............	1	..

40

	Droits honorifiques (Maréchal)..	2 volumes.	
	Style universel suivant l'ordonnance de 1670.............	2	—
	Introduction à la pratique (Cl. de *Ferrière*) ....·........	2	—
	Commentaire de l'ordonnance civile de 1667................	1	-
	Commentaires des ordonnances de 1669 et 1673 (Josse)..........	1	-
	Code des seigneurs hauts justiciers......................	1	—
	Règles du droit français (P. de *Livonnière*).	1	—
	Code des curés...	2	—
	Création de notaires apostoliques.	1	—
	Pouillé général des abbayes de France.....................	1	—
	Causes célèbres.................	20	—
In-seize....	*Ordonnance de 1667*............	1	—
	Ordonnance des gabelles de 1680.	1	—
	Ordonnance de 1670...........	1	—
	Code marchand (Ordonnance de commerce)...................	1	—
	Institutiones Justiniani........	1	—
	Coutume de Paris.............	1	—
	Coutume de Paris et du Poitou.	1	—
	Protocole des notaires..........	1	—
	Ordonnance des Eaux et Forêts, 1669......................	1	—
	Ordonnance des fermes, 1681....	1	—

Histoire, vies, voyages, descriptions.

In-folio....	*Histoire, statuts et privilèges de l'ordre de Malte*.............	1	-

	Les hommes illustres (Plutarque, Amyot)......	2 volumes.
	Le moniteur universel.........	3 —
In-quarto..	*Atlas de l'histoire philosophique, de Raynal*...............	1 —
	Histoire du peuple de Dieu (Berruyer)................	7 —
	Histoire du peuple de Dieu (Berruyer)................	4 —
	Voyages en Asie.............	2 —
	Vie de M. le Premier Président de Lamoignon...............	1 —
In-octavo..	*Histoire universelle (Société des Gens de lettres)*............	12 —
	Dictionnaire de Paris (Hurtault et Magny)................	4 —
	Dictionnaire historique et littéraire................	6 —
	Mémoires secrets sur la guerre de Hongrie................	1 —
	Histoire philosophique et politique des Indes (Raynal)......	10 —
	Histoire littéraire des femmes françaises................	5 —
	Voyages autour du monde......	10 —
	Histoire secrète de la cour de Berlin................	2 —
	Origine des biens ecclésiastiques et de la noblesse............	1 —
In-douze. .	*Mémoires de Laurence (Guerre de l'Inde)*................	1 —
	Guerres de Flandre (Vanti Boglio)................	4 —
	Délices des Pays-Bas..........	5 —
	Histoire de France continuée (Volly)................	26 —

Mémoire politique, militaire et historique de l'Europe (Raynal)........................	3 volumes.	
Vie des hommes illustres, par Dauvigny.......................	25	—
Mémoires chronologiques pour servir à l'histoire ecclésiastique........................	23	—
Histoire des anabaptistes...... .	3	—
Mémoires de Henri de la Trémouille.....................	3	—
Histoire de France, de Mézeray.	8	—
Mémoire sur l'histoire de la maison de Brandebourg..........	1	—
Mélanges historiques et critiques.	2	—
Histoire d'Espagne, par Désormeaux......................	5	—
Histoire de Paris (P. de Sainte-Fosse)	5	--
Histoire des cinq propositions de Jansénius	1	—
Mémoires secrets sur la Constitution Unigenitus..............	3	—
Anecdotes de France............	4	—
— *du Nord*.............	1	—
— *ecclésiastiques*........	2	—
— *chinoises*............	1	—
— *italiennes*...........	1	—
— *germaniques*.........	1	—
— *espagnoles et portugaises*............	2	—
— *arabes et musulmanes.*	1	—
— *orientales*............	2	--
— *africaines*	1	—
— *des républiques*.......	2	—

	Anecdotes françaises............	1	volumes.
	— *anglaises*............	1	—
	— *de la cour d'Edouard II*		
	d'Angleterre................	1	—
	Histoire de Henri III, de Varillas.	6	—
	Histoire moderne (Rollin).......	26	—
	Histoire générale..............	16	—
	Histoire de Henri IV, de **Péréfixe**.........	2	—
	Révolutions romaines de Vertot.	3	—
	Siècle de Louis XIV (Voltaire)...	2	—
	Mémoires sur la minorité de Louis XIV...................	2	—
	Mémoires de l'abbé de Choisy....	1	—
	Mémoires pour servir à l'histoire de Louis XIV, par l'abbé de **Choisy**.....................	1	—
	Vie d'Elisabeth d'Angleterre.....	2	—
	Histoire des deux triumvirats...	4	—
	Mémoires de Puységur..........	2	—
	Les capitulaires, de Baluze	1	—
	Abolition de l'ordre des Templiers.	1	—
	Révolution d'Amérique (Raynal)..	1	—
	La paix de 1782..............	1	—
	Histoire ancienne, de Rollin....	13	—
	Histoire romaine, de Rollin.....	16	—
	Mercure, de Vittorio Seri.......	18	—
	Le voyage français..............	2	—
In-seize....	*C. Tacitus*............	1	—
	Titi Livii historiæ..............	1	—

Géographie.

In-folio....	*Dictionnaire géographique*, de **Baudrand**...................	1	— —
In-octavo..	*Dictionnaire géographique*, de		

	Laurent Eschar..	1 volume.
	Géographie, de Buffier........	1 —

Blason.

In-folio....	*Le roi d'armes ou l'art héraldique,*	
	par Baron...................	1 —
	Traité du blason (Dupuy Dem-	
	portes).....................	2 —

Morale et philosophie.

	Œuvres de Lamothe le Vayer...	2 —
	Œuvres de Sénèque en français..	1 —
	Œuvres morales (Plutarque,	
	Amyot).....................	2 —
	Dictionnaire de Bayle..........	4 —
	Dictionnaire des sciences ou l'En-	
	cyclopédie...................	39 —
In-octavo..	*Œuvres d'Helvétius*.............	4 —
	Œuvres de Mably..............	2 —
	Recherches sur les causes de la ri-	
	chesse des nations (traduction).	2 —
	Zoroastre, Confucius et Mahomet.	1 —
	Esprit de Montaigne...........	1 —
In-douze...	*Le prince ou les qualités d'un*	
	grand roi...................	2 —
	Disssertation sur les mœurs hin-	
	doues.....................	1 —
	Le véritable esprit des lois......	1 —
	Le devoir de l'homme et du ci-	
	toyen (Puffendorff)...........	2 —
	Ecole militaire (Raynal)........	3 —
	Esprit des principes, de J.-J. Rous-	
	seau.......................	1 —
	Essais de Montaigne...........	10 —

	L'incertitude des sciences........	1 volume.
	Institutions d'un prince (Duguet).	4 —
In-seize....	*Concile de Trente*.............	1 —
	De imitatione Christi..........	1 —
	Del imitatione di Christo.......	1 —
	Salomonis proverbia..........	1 —

Commerce.

	Guide du commerce de l'Aulnois.	1 —

Politique, hygiène militaire, tactique, administration des finances. Droit de la nature et des gens, marine, etc.

In-quarto..	*Compte rendu au Roi* (Necker)..	2 volumes.
	Le droit de la nature et des gens (Puffendorff)	3 —
	L'ambassadeur et ses fonctions, de Vicfort.................	2 —
	Institutions pour les ambassadeurs (traduction anglaise)...	1 —
	Réfutation de faits imputés au sieur Godeheu, par Dupleix...	1 —
	Machiavel en italien..........	1 —
	Journal de Versailles..........	2 —
In-octavo..	*Observations sur la constitution des armées prussiennes*.......	1 —
	Essais des manœuvres de l'infanterie française..............	1 —
	Les principes du gouvernement français..................	1 —
	Lettres d'un membre du Congrès américain.................	1 —
	Les loisirs du chevalier d'Elon de Beaumont.................	13 —

	Annales politiques, de Linguet..	6 volumes.
	Journal politique de l'Europe...	4 —
	Antiquités militaires (Guichard).	4 —
	Hygiène militaire........	1 —
	Collection complète des ouvrages pour ou contre Necker........	1 —
	Réflexions sur le corps du génie..	1 —
	Harangues militaires..........	1 —
	Considérations sur l'ordre de Cincinnatus (Mirabeau)..........	1 —
	Constitution de l'Angleterre.....	2 —
	Opuscules politiques............	1 —
	Le gouvernement anglais comparé à la constitution des Etats-Unis......................	1 —
	Ouvrez donc les yeux..........	1 —
	Adresse aux amis de la paix (Servand)......................	1 —
	Considérations sur les gouvernements (Monnier).............	1 —
	La police dévoilée..............	2 —
	Etats généraux...............	6 —
	Recherches sur les Etats-Unis . .	4 —
	L'ami des patriotes.............	3 —
	La feuille villageoise	2 —
	Le point du jour...............	7 —
	Courrier de Provence..........	3 —
	Commentaires de Blakestone.....	6 —
	Variétés......................	1 -
	Mémoires sur l'ordre de Malte...	1 —
In-douze...	*Précis historique sur la marine française*.................. .	2 —
	Institutions politiques (Bielfeld).	4 —
	Les principes des négociations (Mably)...................	1 —

Dissertation sur la subordination militaire....................	1	volumes.
La petite guerre, de Grandmaison........................	1	—
Milice des Grecs ou tactique d'Elien.....................	2	—
Abrégé de l'histoire d'Allemagne (Pleffet)...................	2	—
Considérations sur la marine française...................	1	—
Testament de Charles II d'Espagne......................	1	—
De la République (Bodin).......	1	—
Etat politique de l'Angleterre...	1	—
Lettre d'un cosmopolite.........	1	—
Système politique de la régence d'Amsterdam...............	1	—
Dialogue entre Joseph II et Pie VI.	1	—
Paul Jones, *Prophéties sur l'Amérique*	1	—
Journal historique et politique de Genève	1	—
Vœux d'un militaire..........	1	—
Administration des finances (Necker)	3	—
Contrat social (J.-J. Rousseau)..	1	—
Mercure turc.................	1	—
Instructions du duc d'Orléans...	1	—
Liste de l'Assemblée nationale..	1	—
Almanach des députés..........	1	—

Langues.

In-quarto..	*Dictionnaire francais-latin* (Jubert)......................	1	—
	Dictionnaire italien-français....	2	—

48

In-octavo..	*Dictionnaire latin-français*	1 volume.
	Grammaire italienne	1 —
	Gradus ad Parnassum	1 —
	Grammaire allemande	1 —
	Grammaire hollandaise	1 —
	Dictionnaire allemand	1 —
In-douze...	*Jardin des racines grecques*	1 —
	Grammaire des dames	1 —
	Indiculus universalis	1 —
	Grammaire espagnole	1 —
	Grammaire française (Chifflet)..	1 —
	J. Buxtoforfii epitome	1 —
	Magasin des adolescents	1 —
	Dictionnaire anglais	1 —

Géométrie.

In-octavo..	*L'arithmétique universelle démon-trée*, par **Yrson**	1 —
	L'arithmétique démontrée, par **Gaignal de l'Aulnois**	1 —
In-douze...	*Usage du compas*, par **Ozanam**..	1 —
	Arithmétique, par **Legendre**....	1 —
	Calcul des intérêts depuis le denier sept	1 —
	Eléments de géométrie, par **Leblanc**	1 —
	Nouveau tarif de la réduction du bois carré en pièces	1 —
	Comptes faits (**Barême**)	1 —
	Manière de fortifier suivant la méthode de Vauban	1 —
	Traité de l'arpentage (**Ozanam**).	1 —
	Méthode de toisé et d'arpentage..	1 —

Physique et médecine.

In-quarto..	Œuvres de Franklin............	1 volume.
In-octavo..	Eléments de physique (de la Fond).	1 —
	Essais sur les différentes espèces d'airs......................	1 —
	Récréations mathématiques et physiques (Ozanam)...........	1 —
	L'antiméphitique (de Combe Blanche)....................	1 —
In-douze...	Supplément à l'histoire universelle de Buffon...............	1 —
	Spectacle de la nature (Pluche)..	9 —
	Tableau de l'amour conjugal (Venette).......................	4 —
	Amusements physiques (Pinetti).	1 —
	Etudes de la nature (Bernardin de Saint-Pierre).............	5 —
	Bibliothèque universelle des dames (La Lande)..................	1 —
	Ménage des champs.............	1 —

Belles-Lettres.

In-octavo..	Gazettes littéraires............	3 —
	Lettere familiari critiche (Martinelli)......................	1 —
	Eloge de Marc-Aurèle (Thomas)..	1 —
	La Fontaine, Racine (La Harpe).	1 —
	De l'art de la comédie (Cailhava).	1 —
	Eloge de l'Hopital..............	1 —
	Journal de littérature..........	7 —
	Dictionnaire des rimes (Richelet).	1 —
	Journal anglais................	7 —
	Journal de Paris...............	18 —

50

In-douze...	Le pot aux roses...............	1 volume.
	Mercure de France.............	109 —
	Académie des jeux..............	1 —
	Œuvres de Voiture.............	2 —
	Réflexions et maximes diverses..	1 —
	Oraison funèbre de Henriette de France.....................	1 —
	Ephémérides du citoyen........	8 —
	L'alkoran traduit en français (Durier)....................	1 —
	L'espion turc..................	6 —
	De tout un peu................	2 —
	L'esprit des femmes célèbres des siècles de Louis XIV et Louis XV.	2 —
	Œuvres de Brantôme...........	3 —
	Œuvres de Rabelais	8 —
	Le triumvirat des arts.........	1 —
	Le philosophe du port au blé...	1 —
	Lettere d'una Peruviana, avec traduction	2 —
	Boëtii. — De consolatione.......	1 —
	La police dévoilée (Manuel)......	2 —
	Le voyage de Chapelle et Bachaumont	1 —
	Le petit almanach des grands hommes.....................	1 —

II

CATALOGUE DES LIVRES DE LA BIBLIOTHÈQUE
DE M. BERTHELEMY.

Philosophie, morale, cultes, mythologie et métaphysique.

In-douze...	*Système de la nature* (de Mira-		
	baud)......................	2	volumes.
	Caractères de Théophraste (La-		
	bruyère).....	2	—
	Histoire du ciel (Pluche).......	2	—
	De l'usage des passions (Senant).	1	—
	Zoroastre, Confucius, Mahomet		
	comparés (Pastoret).........	1	—
	Emile ou de l'Education (J.-J.		
	Rousseau)...................	4	—
	Dictionnaire de la fable (Chom-		
	pré)................	1	—
	Lettres sur la mythologie (Du		
	Moustier)...	2	—
	Pensées (Larochefoucault)......	1	—
	Essais (Montaigne).............	10	—
	Atlas de l'origine des cultes (Du-		
	puis)......................	1	—
	Œuvres morales de Plutarque,		
	traduction d'Amyot..........	2	—
	Œuvres philosophiques (David		
	d'Hume)....................	12	—

Histoire.

Anecdotes des reines et régentes		
de France..	4	—

Précis historique de la marine royale de France (Onfray)....	2	volumes.
Mémoires historiques (abbé de Choisy)	1	—
Histoire des deux triumvirats (de Larcy)................	4	—
Etat des familles nobles en France (La Chesnaye des Bois).......	1	—
Histoire philosophique et politique (Raynal)..............	10	—
Histoire d'Allemagne (Pfeffole)..	2	—
Histoire de la minorité de Louis XIV.	2	—
Histoire générale (Voltaire).....	10	—
Memoires de l'Europe (Raynal)..	3	—
Dictionnaire historique et critique (Bayle)............	4	—

Romans.

La nouvelle Héloïse (J.-J. Rousseau).....................	7	—
Histoire de Gargantua (Rabelais).	8	—
Histoire de Jésus-Christ (Berruyer)....................	4	—

Géographie et voyages.

Collection des voyages autour du monde (Bérenger)...........	9	—
Voyages de Cook (Bérenger)....	1	—
Traité de géographie (Buffier)...	1	—

Politique, droit public et jurisprudence.

In-douze...	*Esprit des lois* (Montesquieu)...	4	volumes.
	Situation politique de la France		

(Peysonnet)	2 volumes.	
De la constitution d'Angleterre (Delolme)	1	—
Examen du gouvernement d'An-gleterre	1	—
Les vrais principes du gouverne-ment français	1	—
Traité des délits et des peines (Beccaria)..	1	—

Finances.

Richesse des nations (Smith)....	2	—

Langues.

Dictionnaire italien-français (An-tonini)......................	2	—
Histoire naturelle de la parole (cour de Gebelin)...........	1	—
Grammaire française (Restout)..	1	—
Dictionnaire anglais - français (Migent)...................	1	—
Lettres (Redi).................	1	—
Grammaire anglaise (Peyton)...	1	—
Glossaire (du Cange)......... .	6	—
Glossarium novum (Carpentier).	2	—
Glossaire français (Carpentier)..	1	—
Dictionnaire de l'Académie.....	2	—

Physique.

Dictionnaire botanique et phar-maceutique (Bastien).........	1	—
Œuvres physiques (Franklin)...	4	—

Histoire naturelle.

Supplément à l'histoire naturelle (Buffon)..	2 volumes.	

Théâtres.

Œuvres de Sedaine............	4	
Mariage de Figaro (Beaumarchais)................	1	—
Œuvres de Dufresny....	4	—
Théâtre de Quinault.......... .	5	—
Théâtre de X***...........	1	—
Théâtre des boulevards	3	—
Théâtre de Panard..........	4	—
Œuvres de Marivaux...	5	—
Comédies de Marivaux..........	2	—
Théâtre de Diderot.............	2	—
Théâtre de société (Collé).......	3	—
Œuvres et théâtres de Palissot...	3	—
Œuvres de Lachaussée..........	5	—
Théâtre de Baron....	3	—
Théâtre de Bruny et Palaprat...	5	—
Théâtre de Dancourt...........	5	—
Œuvres de Molière...	8	—
Œuvres de Regnard..	6	—
Œuvres de Destouches...	10	—
Œuvres de Crébillon............	3	—

Poésies.

L'art d'aimer (Bernard)........	1	—
La Jérusalem délivrée (Le Tasse).	2	—
Œuvres de Colardeau..........	1	—
La guerre des dieux (Parny)....	1	—
Idylles (Gessner)..............	1	—

Poème des saisons (Saint-Lambert)..................	1	volume.
Poésies de Berthelemy...........	6	—
Eloges poétiques, de Brebeuf...	1	—
La pucelle d'Orléans (Voltaire)..	1	—
Iliade d'Homère (Beaumanoir)...	2	—

Belles-Lettres.

Anecdotes dramatiques..........	3	—
Aventures de Télémaque (Fénelon)................	2	—
Œuvres de Voiture............	2	—
Lettere di Martinelli...........	1	—

Géométrie.

Eléments de géométrie (Leblanc).	1	—

Encyclopédie.

Planches pour le dictionnaire de l'encyclopédie................	3	—

Nota. — Résultant d'achats faits en 1790.

Œuvres de Deshouliéres.
Œuvres de Pavillon.
Œuvres de Crenet.
Œuvres de Collé.

Et en 1791 :

Machiavel, *Recherches sur les Etats-Unis.*

Si la bibliothèque de M. Berthelemy contenait, comme il l'a toujours dit, de treize à quatorze cents volumes, les catalogues qui précèdent ne sont évidemment pas complets. Le fait est certain et résulterait, au besoin, d'un état que M. Berthelemy a dressé, le 13 ventôse an III, de ses livres perdus ou soustraits, pour en demander le remboursement à la Commune. On y remarque de nombreux ouvrages, qui ne sont pas portés dans les catalogues, entre autres :

Contes et nouvelles, de Marguerite de Valois.	2	volumes.
Angola, histoire indienne	1	—
Zaïre, histoire espagnole.	1	
L'âne d'or d'Apulée.	1	—
Hymne au soleil	1	—
Œuvres du cardinal de Bernis.	2	—
Œuvres du chevalier Bertin.	2	—
Œuvres de Boileau Despréaux.	3	—
Les baisers de Jean Second, par Dorat.	1	—
Œuvres de Boufflers. . . . . '	1	—
Œuvres de Madame et Mademoiselle Deshou-lières.	2	—
Les sens, poème de Durozoy.	1	—
Œuvres de Jean Racine.	3	—
Chefs-d'œuvre dramatiques de Voltaire.	3	—
Chefs-d'œuvre dramatiques de Piron.	2	—
Œuvres de Pierre et Thomas Corneille.	3	—
Ferradin et Rozieda.	2	—
Bibliothèque des romans.	2	—

Soixante-douze volumes, etc., etc.

Ces volumes, s'ils n'ont été empruntés directement par les hommes de garde, ce qui est assez possible, ont été vraisemblablement égarés dans les voyages qu'on leur a fait subir, pour les procurer au Roi, de la petite tour dans le donjon du Temple.

L'usage que le Roi avait fait journellement de ces livres les avait rendus chers à sa sœur. Elle voulut les acheter. On trouve la manifestation de ce désir dans une note que M. Berthelemy fit passer à la Commune après le 29 septembre : « Le sieur Berthelemy a laissé dans la tourelle, au premier étage, une bibliothèque de treize à quatorze cents volumes, dont mille environ sont choisis. Madame Elisabeth est toujours dans l'intention de conserver cette bibliothèque, et plusieurs de MM. les Commissaires de la Commune ont engagé M. Berthelemy à ne pas les emporter. Il estime cette bibliothèque quatre mille livres et désirerait savoir si Madame Elisabeth est toujours dans l'intention de la conserver, et, en ce cas, à qui il doit s'adresser pour être payé. »

Il est inutile de dire que cette bibliothèque ne fut pas achetée. Les pétitions et les notes de M. Berthelemy montrent les difficultés qu'il éprouva pour recouvrer une partie de ses volumes. Il eut les mêmes difficultés pour rentrer en possession de son mobilier.

Il avait pu emporter, le 13 août, une petite quantité de ses meubles, qu'il avait déposés dans son nouveau logement de la rue des Prêtres-Saint-Paul ; le reste était resté dans son ancien domicile ou au palais du Temple, sans qu'il pût obtenir l'autorisation de les enlever. Après le départ du Roi, il parvint à faire encore un petit déménagement, très incomplet, puisque la plus grande partie de ses meubles suivit le Roi et la Reine dans la grosse tour. Les arrêts de condamnation de la famille royale ne lui firent pas rendre sa propriété dispersée. Dans l'effroyable désordre qui régnait alors, on

58

se préoccupait si peu de ses suppliques qu'on avait remisé dans le garde-meuble une partie de ce qu'il réclamait. On a retrouvé une note qu'il présentait à ce sujet : elle confirme les renseignements qui viennent d'être donnés sur l'ameublement des pièces occupées par les prisonniers et mérite, à ce titre, d'être publiée.

Etat de ce qui m'appartient resté en mon logement de la tour du Temple (autant qu'il m'en souvient, car cet état n'est fait que de mémoire et j'ai pu oublier beaucoup de petits objets).

Un grand canapé et quatre fauteuils dits à la reine, de lampas bleu et blanc . . . .   700 livres.

Deux petits tabourets en cœur de lampas bleu et blanc.   36   —

Deux cabriolets et une chaise d'étoffe, crénelés et chenillés, prune de Monsieur.   90   —

Un feu doré, pelle, pincettes, tenailles et barre   200   —

Un soufflet bleu et deux autres noirs.   6   —

Les rideaux de taffetas bleu et la draperie du salon   150   —

Deux paires de bras de cheminée . .   220   —

Trois petites encoignures d'acajou .   18   —

Un tapis de figures.   50   —

Une table servant de tric-trac, de jeu de piquet, de dames, et de bureau, avec les deux bobèches doubles dorées.   90   —

Une table à dessus de marbre à bordures blanches (1) ....   120 livres.

Un cabriolet do coton rouge, lilas et blanc.. .... 15 —

Trois chaises de canne........... 15 —

Vingt-quatre chaises de paille (2).. 48 —

Deux cadres de Malte et de l'Isle .. 12 —

Une glace de salle à manger ...... 60 —

Un grand vase de la garde-robe ... 30 —

Une table ronde de six couverts ... 30 —

Une autre table ovale de douze couverts avec ses allonges............. 60 —

Deux tableaux des règles du jeu de billard................... ...... 6 —

Six plaques pour éclairer le billard. 6 —

La verrerie qui est dans l'office, avec les vins de liqueur .... 120 —
(Il y avait environ soixante verres).

Toute faïence et porcelaine qui est dans l'office........................ 120 —

Un lit d'étoffe brochée fond blanc à fleurs, de deux pieds huit pouces (3). 90 —

Un bois de lit à deux dossiers avec ciel de lit et pente de camelot rouge et jaune (4) .... 70 —

Un traversin de trois pieds et demi. . 9 —

(1) Tout ce mobilier était celui du salon ou chambre de la Reine.
(2) Salle à manger.
(3) Lit de M. Berthélemy qui a servi à la Reine.
(4) Lit du troisième, à l'usage du Roi.

Deux matelas et un lit de duvet de trois pieds et demi .... 300 livres.

Un couvre-pieds de taffetas cramoisi piqué, d'édredon .... 40 —

Quatre matelas de deux pieds huit pouces .... » —

Une couverture de soie bordée de gros rubans bleus .... 50 —

Deux traversins .... 16 —

Trois oreillers .... 24 —

Trois couvertures de coton .... 120 —

Trois couvertures de laine........ 100 —

Un poêle et ses tuyaux, salle à manger .... 24 —

Une commode de bois plaqué à dessus de marbre .... 50 —

Quinze gravures garnissant la chambre à coucher .... 100 —

Une paire de rideaux de toile anglaise............................. 50 —

Un grand canape et quatre fauteuils de velours d'Utrecht cramoisi (1) .... 200 —

Une petite armoire de bois de chêne remplie d'estampes................ 100 —

Deux chandeliers argentés .... 24 —

La glace de la cheminée de la chambre à coucher .... 80 —

Deux bras de cheminée dorés sur feuille .... 24 —

(1) Chambre du Roi au troisième.

Un feu or moulu, pelle, pincettes et
tenailles .... 50 livres.

   Un canapé de forme circulaire .. . 80 —
   Deux chaises d'étoffe .... 50 —
   Un chiffonnier à cinq ou six tiroirs. 40 —
   Une glace au-dessus de la commode
de la chambre à coucher .... 60 —

   Une glace et son trumeau dans la
petite chambre au troisième .... 75 —

   Un feu, pelle, pincettes et tenailles. 40 —
   Cinq tableaux dans ladite chambre. 30 —
   Une table de nuit de noyer ... ... 3 —
   Un buffet à quatre venteaux ..... 25 —
   Un lit de sangle et sa paillasse. . . 17 —
   Un bois de lit et sa paillasse..... 18 —

   Un autre à deux dossiers de trois
pieds (1) .... 18 —

   Une grande armoire en noyer..... 50 —
   Deux ottomanes et trois fauteuils de
velours d'Utrecht bleu et blanc (2) .. 300 —

   Quatre banquettes de pareil velours. 88 —
   Un feu argenté .... 36 —

   Trois banquettes circulaires de
taffetas lilas avec frange et glands
relevés en draperies................ 230 —

   Deux chaises de taffetas vert anglais
relevées en draperies.............. 190 —

   Le miroir de la salle à manger ... 40 —

(1) Lit du Dauphin.
(2) Chambre de M. Berthélemy ou du Dauphin.

Un tabouret de taffetas soie jaune à fleur, forme ronde (1)............. ..	18 livres.
Un guéridon de marbre blanc.....	18 —
Un écran de taffetas blanc........	12 --
Une bibliothèque contenant treize à quatorze cents volumes, dont mille choisis...................	4.307 —
Plusieurs cartes de géographie....	8 —
Deux tableaux pour dessus de porte sur le palier de la chambre.........	25 —
Deux petits tableaux, gravures d'Alexandre, sur la porte du cabinet .	30 —
Un tableau gravure	3 —
Tous les cordons et glands de sonnettes	48 —
Etc., etc., etc....	
En tout..........	12.056 livres.

A défalquer : meubles dépareillés que M. Berthelemy a enlevés et qu'il offre de rapporter.

Trois flambeaux, deux cabriolets en velours d'Utrecht rouge (quatre autres sont au Temple), trois cabriolets de velours d'Utrecht bleu et blanc (trois autres pareils restés au Temple), quatre grandes banquettes de velours d'Utrecht blanc et vert, deux cabriolets couverts en cuir (les autres restés), quatre fauteuils à la Reine de lampas bleu et blanc (quatre autres avec un canapé restés au Temple), deux petits tabourets pareils, deux

____

(1) Cabinet.

chantournés, un rideau et une pente de lit de camelot cramoisi et jaune (le surplus resté au Temple), le tout estimé .... 851 livres.

Au commencement de l'an IV, M. Berthelemy parvint à rentrer en possession de ce qui restait de ses meubles. Beaucoup avaient été détériorés ; un certain nombre manquaient. Il ne fut jamais indemnisé.

On a vendu, il y a quelques années, à Rouen, un certain nombre d'objets ayant appartenu à la famille royale ou lui ayant servi dans le donjon du Temple. Ces objets provenaient des descendants rouennais de Cléry. Il est curieux de savoir ce que sont devenues les épaves du séjour de Louis XVI et de sa famille dans la petite tour.

M. Berthelemy avait acheté la petite propriété où se trouvait le siège de la Commanderie de Chevru, dont il avait même été l'administrateur au nom de M. le Commandeur Godeheu, son ami. Il s'y retira avec sa pupille, Mlle Valder de Manneville, qu'il avait épousée le 12 thermidor an IV. Il en eut une fille qui devint plus tard Mme Blavot.

Après la mort de cette dernière, qui laissait deux enfants, une vente mobilière a été faite aux mois d'avril et de juillet 1882 par Me Allorge, notaire à La Ferté-Gaucher.

Le procès-verbal de la vente des livres indique, qu'à part un certain nombre de volumes achetés en bloc par M. Fontaine, libraire à Paris, presque toute la bibliothèque a été rachetée par la famille, notamment les neuf volumes des *Spectacles de la nature*, les Œuvres de Corneille, de Racine et de Montesquieu, par M. le docteur Blavot.

Quant au mobilier, il a été dispersé : quatre fauteuils et deux tabourets en cœur couverts de lampas bleu et blanc, provenant du salon ou chambre de la Reine, sont, si l'on en croit les renseignements donnés par la famille, arrivés par intermédiaire entre les mains de M. le docteur Péan, qui s'était personnellement rendu adjudicataire de trois groupes en biscuit (au nombre desquels *Vénus fouettant l'Amour avec des roses*, cadeau de M. le Commandeur Godeheu), ainsi que de la couche et de la couverture du lit du Dauphin.

M. de Béville, au château de Vignory, a acquis, avec divers fauteuils, le baldaquin et les rideaux du lit de la Reine ; M. Edouard Besnard, de Paris, les rideaux du lit du Roi ; M. Gustave Blavot, de nombreux objets parmi lesquels les gravures que le Roi avait retournées contre le mur à son arrivée au Temple, et celles des batailles d'Alexandre ; Mlle Morin, de Rouen, le lit de Madame Elisabeth ; M. Doissau, de Pantin, la garniture de cheminée du salon, etc.

Tous ces objets avaient été longtemps offerts à la curiosité respectueuse des visiteurs qui savaient trouver à la Commanderie de Chevru les meubles dont Louis XVI et sa famille s'étaient servis pendant la première période de leur captivité au Temple. Les papiers et documents émanant de M. Berthelemy donnaient à ces objets un cachet d'authenticité indiscutable ; ils n'ont pas pu être publiés intégralement, bien que plusieurs contiennent des renseignements précieux sur cette époque si peu connue des premiers temps de la Terreur. Il n'en a été extrait que ce qui a paru contribuer, sans acception de parti, à l'histoire de la prison du Temple.

ERRATUM.

Par suite d'une double erreur, facile d'ailleurs à
rectifier avec les indications du texte, on a attribué à
tort sur les planches des pages 28 et 30 la couverture
du lit du Dauphin au lit de Madame Elisabeth et réci-
proquement.

www.ingramcontent.com/pod-product-compliance
Ingram Content Group UK Ltd.
Pitfield, Milton Keynes, MK11 3LW, UK
UKHW021216230726
13926UKWH00003B/1063